Advent Light of the Word

대림절 말씀라이트

한국장로교출판사

풀칠

말씀 스티커

1일
이는 한 아기가 우리에게 났고 한 아들을
우리에게 주신 바 되었는데 그의 어깨에는
정사를 메었고 그의 이름은 기묘자라, 모사
라, 전능하신 하나님이라, 영존하시는
아버지라, 평강의 왕이라 할 것임이라
이사야 9 : 6

2일
보라 네가 잉태하여
아들을 낳으리니
그 이름을 예수라 하라
누가복음 1 : 31

3일
그가 큰 자가 되고 지극히 높으신
이의 아들이라 일컬어질 것이요
주 하나님께서 그 조상 다윗의 왕위를
그에게 주시리니
누가복음 1 : 32

4일
대저 하나님의
모든 말씀은
능하지 못하심이 없느니라
누가복음 1 : 37

5일
마리아가 이르되 주의 여종이오니
말씀대로 내게 이루어지이다 하매
천사가 떠나가니라
누가복음 1 : 38

6일
마리아가 이르되
내 영혼이 주를 찬양하며
내 마음이 하나님 내 구주를
기뻐하였음은
누가복음 1 : 46~47

7일
능하신 이가 큰일을
내게 행하셨으니
그 이름이 거룩하시며
누가복음 1 : 49

8일
예수 그리스도의 나심은 이러하니라
그의 어머니 마리아가 요셉과
약혼하고 동거하기 전에
성령으로 잉태된 것이 나타났더니
마태복음 1 : 18

9일
아들을 낳으리니 이름을 예수라 하라
이는 그가 자기 백성을 그들의 죄에서
구원할 자이심이라 하니라
마태복음 1 : 21

10일
이 모든 일이 된 것은
주께서 선지자로 하신 말씀을
이루려 하심이니 이르시되
마태복음 1 : 22

11일
그러므로 주께서 친히 징조를
너희에게 주실 것이라 보라 처녀가
잉태하여 아들을 낳을 것이요
그의 이름을 임마누엘이라 하리라
이사야 7 : 14

12일
베들레헴 에브라다야
너는 유다 족속 중에 작을지라도
이스라엘을 다스릴 자가
네게서 내게로 나올 것이라 그의 근본은
상고에, 영원에 있느니라
미가 5 : 2

13일
흑암에 행하던 백성이
큰 빛을 보고 사망의 그늘진 땅에
거주하던 자에게 빛이 비치도다
이사야 9 : 2

14일
이새의 줄기에서 한 싹이 나며
그 뿌리에서 한 가지가 나서
결실할 것이요
이사야 11 : 1

15일
요셉이 잠에서 깨어 일어나
주의 사자의 분부대로 행하여
그의 아내를 데려왔으나
마태복음 1 : 24

16일
요셉도 다윗의 집 족속이므로
갈릴리 나사렛 동네에서 유대를 향하여
베들레헴이라 하는 다윗의 동네로
누가복음 2 : 4

17일

첫아들을 낳아 강보로 싸서
구유에 뉘었으니 이는 여관에
있을 곳이 없음이러라
누가복음 2 : 7

18일

천사가 이르되 무서워하지 말라
보라 내가 온 백성에게 미칠
큰 기쁨의 좋은 소식을
너희에게 전하노라
누가복음 2 : 10

19일

오늘 다윗의 동네에
너희를 위하여 구주가 나셨으니
곧 그리스도 주시니라
누가복음 2 : 11

20일

홀연히 수많은 천군이
그 천사들과 함께 하나님을
찬송하여 이르되
누가복음 2 : 13

21일

목자들은 자기들에게
이르던 바와 같이 듣고 본 그 모든 것으로
인하여 하나님께 영광을 돌리고
찬송하며 돌아가니라
누가복음 2 : 20

22일

박사들이 왕의 말을 듣고 갈새
동방에서 보던 그 별이
문득 앞서 인도하여 가다가
아기 있는 곳 위에 머물러 서 있는지라
마태복음 2 : 9

23일

그들이 별을 보고
매우 크게 기뻐하고
기뻐하더라
마태복음 2 : 10

24일

집에 들어가 아기와
그의 어머니 마리아가 함께 있는 것을
보고 엎드려 아기께 경배하고
보배합을 열어 황금과
유향과 몰약을 예물로 드리니라
마태복음 2 : 11

25일 성탄절

지극히 높은 곳에서는
하나님께 영광이요
땅에서는 하나님이 기뻐하신
사람들 중에 평화로다 하니라
누가복음 2 : 14

본문 꾸미기 스티커

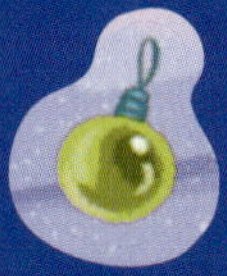

성탄트리 오너먼트 스티커

13일
14일
15일
16일
18일
19일
17일
20일
22일
21일
23일
24일
25일

성탄트리 오너먼트의 의미

사과

아담과 하와가 하나님의 말씀을 어기고 먹었던 선악과를 기억하나요?
아담과 하와로부터 시작된 죄 때문에
우리와 하나님의 사이가 멀어지고 말았어요.
사과는 선악과와 우리의 죄를 상징해요.
우리의 죄를 회개하며 깨끗한 마음으로 예수님을 기다려요.

장미

이사야 선지자는 메시야를 기다리던 백성에게
메마른 땅에 생명이 피어날 것이라는 하나님의 말씀을 전했어요.
오랜 시간이 지난 후 예수님이 이 땅에 오셨어요.
사막에서 피어난 장미는 어둠과 절망 속에서 생명을 피워 내신 예수님을 상징해요.

빵

출애굽한 이스라엘 백성은 하나님께서 내려 주신 만나를 먹었어요.
하나님께서는 우리를 위해 생명의 양식이신 예수님을 이 땅에 보내 주셨어요.
빵은 생명의 양식이신 예수님을 상징해요.

촛불

"참 빛 곧 세상에 와서 각 사람에게 비추는 빛이 있었나니"(요한복음 1 : 9).
예수님은 죄로 가득한 어두운 이 세상을 밝히기 위해 오셨어요.
예수님은 세상의 빛이에요.

대림절 말씀라이트 사용 방법

1

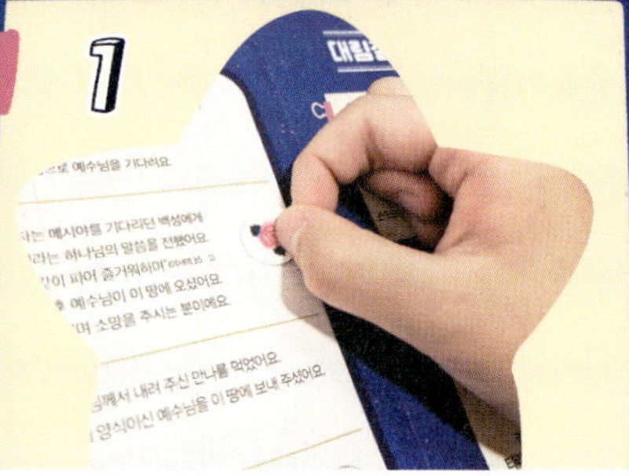

성탄트리 오너먼트
스티커를 붙이고, 읽어 보아요.

2

본문 꾸미기 스티커를 붙이고,
말씀라이트를 접은 후 풀로 붙여요.

3

말씀라이트 안에 LED
티라이트초를 2개 이상 놓아요.

4

매일 말씀 스티커를 붙이고,
가족들과 함께 말씀을 읽어요.

1일
2일
3일
4일
5일
6일
7일
8일
9일
10일
11일
12일

성탄절? 대림절?

'성탄절'은 우리를 죄에서 구원하기 위해 예수님이 이 땅에 오신 것을 감사하고 기뻐하며 예배하는 절기예요.
그리고 '대림절'은 성탄절을 맞이하기 전 4주간의 기간이에요.

풀칠

어린이제품 안전 특별법에 의한 품질 표시

초판발행 2025년 11월 7일

펴낸이 강성훈
펴낸곳 한국장로교출판사
주소 03128 / 서울특별시 종로구 대학로3길 29, 신관 4층(연지동, 총회창립100주년기념관)
편집국 (02) 741-4381 / (F) 741-7886
영업국 (031) 944-4340 / (F) 944-2623
홈페이지 www.pckbook.co.kr
인스타그램 pckbook_insta 카카오채널 한국장로교출판사
등록 No. 1-84 (1951. 8. 3.)

기획 김은희
표지 디자인 김소영
그림작가 임시현
편집 이슬기, 김은희, 이가현, 강수지, 김소영

주의사항

- 반드시 보호자의 보호 아래 아이가 사용할 수 있도록 하십시오.
- 포장재는 개봉 후 즉시 버려 주십시오.
- 종이에 베이거나 모서리에 긁히지 않도록 주의하십시오.
- 스티커를 빨거나 삼키지 않도록 주의하십시오.
- 화재의 우려가 있으니 화기 근처에 두지 마십시오.
- 사용 중 분실된 구성품은 별도의 낱개 구입이나 교환이 불가능합니다.

값 4,000원
ISBN 978-89-398-4647-0 73230